A ARTE DA VERDADEIRA CURA

Israel Regardie

A ARTE DA VERDADEIRA CURA

© Publicado em 2012 pela Editora Isis Ltda.

Supervisor geral: Gustavo L. Caballero

Tradução: Vani Inge Burg

Diagramação e Capa: Décio Lopes

CIP-Brasil. Catalogação na Fonte
Sindicato Nacional dos Editores de Livros, RJ

Regardie, Israel

Israel Regardie / A Arte da Verdadeira Cura – São Paulo: Editora Isis, 2012. – 2ª Edição

ISBN 85-88886-08-1

1. Parapsicologia 2. Ocultismo 3. Quirologia I. Título.

Proibida a reprodução total ou parcial desta obra, de qualquer forma ou por qualquer meio seja eletrônico ou mecânico, inclusive por meio de processos xerográficos, incluindo ainda o uso da internet sem a permissão expressa da Editora Isis, na pessoa de seu editor (Lei nº 9.610, de 19.02.1998).

Direitos exclusivos reservados para Editora Isis

EDITORA ISIS LTDA
www.editoraisis.com.br
contato@editoraisis.com.br

Índice

Prefácio 7

Capítulo 1 9

Capítulo 2 17

Capítulo 3 31

Capítulo 4 41

Capítulo 5 49

Prefácio

à 2ª. Edição Inglesa (revisada), 1964

No meu exemplar da edição original escrevi a data no momento em que o recebi... 1º. de Abril de 1937. Isto é, transcorreu mais de um quarto de século desde que apareceu este livrinho. As numerosas cartas que eu tenho recebido, de todas as partes do mundo, demonstram que este método teve resultados altamente positivos para muitas pessoas. Isto me dá uma grande satisfação, pois é o que eu realmente pretendia.

Nesta versão, modifiquei ligeiramente o texto original e acrescentei um pequeno anexo sobre a oração. Essencialmente, contudo, nada mudou. Espero que esta nova edição seja tão útil quanto a anterior.

Capítulo 1

Dentro de todo o homem e de toda a mulher há uma força que dirige e controla o curso da nossa vida. Usada apropriadamente, esta força tem o poder de curar todas as aflições e todos os males aos quais a humanidade está exposta. Isto é pregado por todas as religiões. Todas as formas de cura espiritual, não importando o nome que se dê a elas, prometem isto mesmo. A psicanálise, inclusive, emprega este poder, ainda que indiretamente, usando a palavra libido, agora tão popular. A introspecção crítica e a compreensão que atrai para a psique libera tensões de diferentes tipos, e através desta liberação o poder curador interno, latente e natural do sistema humano, opera com mais liberdade.

10 | A Arte da Verdadeira Cura

Cada um destes sistemas trata de ensinar aos seus devotos métodos técnicos de pensamento, de contemplação ou oração que, de acordo com os termos de suas próprias filosofias, renovarão seus corpos e transformarão todo o seu ambiente. Entretanto, nenhum, ou poucos deles, cumpre realmente, de um modo completo, sua promessa inicial. A compreensão dos meios práticos, através dos quais as forças espirituais que estão subjacentes ao universo e constituem toda a natureza do homem, podem ser utilizadas e dirigidas para a criação de um novo Céu e uma nova Terra parece ser muito limitada. Naturalmente, sem a cooperação universal seria impossível conseguir isto para toda a humanidade. Porem, cada um de nós pode começar em si mesmo esta tarefa de reconstrução.

A pergunta crucial seria então: Como podemos ser conscientes desta força? Quais são sua natureza e suas propriedades? Qual é o mecanismo que nos permitirá utilizá-la?

Como já disse anteriormente, os diferentes sistemas desenvolveram distintos meios, através dos quais o estudante poderia adivinhar a presença deste poder. Entre eles estão a meditação, a oração, a invocação, a exaltação emocional e os pedidos feitos ocasionalmente à Mente Universal. Em última instância, não levando em consideração pequenos detalhes, todos têm isto em comum: Se voltarmos o ígneo poder da mente ao seu próprio interior e exaltarmos o sistema emocional até um certo nível, poderemos ter consciência de correntes e forças previamente insuspeitas; correntes cuja sensação é quase elétrica e cujos efeitos são curativos e integrantes. O uso dirigido de semelhante força é capaz de trazer saúde ao corpo e à mente. Quando for devidamente dirigida age como um imã. Com isto quero dizer que proporciona, para qualquer pessoa que utilizar estes métodos, os dons da vida, materiais ou espirituais que urgentemente precisa ou que são mais necessários para sua posterior evolução.

Fundamentalmente, a idéia subjacente em todos os sistemas de cura mental é esta: No ambiente ao nosso redor, configurando a estrutura de cada minúscula célula do corpo, existe uma força espiritual. Esta força é onipresente e infinita. Encontra-se tanto no objeto mais infinitesimal quanto na nebulosa, ou no sistema de proporções mais impressionantes. Esta força é a vida mesma. Em toda a vasta extensão do espaço não existe nada morto. A vida vibra e lateja em tudo quanto existe, inclusive as ultramicroscópicas partículas do átomo estão vivas; de fato, o elétron é uma cristalização de energia elétrica.

Por ser esta força vital infinita podemos concluir que o homem deve estar saturado dela. Deve estar totalmente atravessado por esta força espiritual. Esta constitui seu ser superior, seu vínculo com a deidade, é Deus no homem. Toda a molécula no seu sistema físico estará impregnada de sua energia dinâmica. Cada célula do corpo a contém

12 | A Arte da Verdadeira Cura

plenamente. Encontramo-nos assim, frontalmente, com o problema que está sob toda doença. O enigmático problema do esgotamento nervoso.

O que é a fadiga? Como pode haver esgotamento se a vitalidade e as correntes cósmicas de força vertem-se diariamente através do homem? Em primeiro lugar, isto se deve ao fato de que o homem exerce tanta resistência ao fluxo dessas correntes que o atravessam que se cansa e fica doente, culminando, finalmente, este conflito com a morte. Como é possível que o homem desafie o universo? Mais ainda, como pode oferecer resistência e oposição à força que subsiste, que enche todo o universo e que, continuamente, evolui nele? A complacência e a confusão de sua própria perspectiva mental, a covardia moral na qual foi educado e sua percepção falsa da natureza da vida, estas são as causas de sua resistência ao fluxo do espírito em seu interior. O fato disto acontecer de um modo inconsciente, não diminui a força deste argumento, como têm demonstrado todas as psicologias profundas. Que homem é realmente consciente de todos os processos involuntários que acontecem no seu interior? Quem tem consciência do intricado mecanismo de seus processos mentais, daqueles pelos quais seus alimentos são assimilados e digeridos, da circulação do seu sangue, da distribuição arterial ou da nutrição de cada órgão corporal? Todos estes são processos puramente involuntários. E num grau considerável também são involuntárias suas resistências à vida. O homem recobriu-se com ma concha cristalizada de prejuízos e fantasias mal concebidas, uma armadura que não deixa entrada para a luz da vida externa. Por que se espantar de suas aflições? Por que estranhar que fique tão doente e impotente, desvalido e pobre? Por que haveríamos de nos surpreender pelo fato de que o indivíduo comum seja tão incapaz de administrar adequadamente sua vida?

O primeiro passo para a liberdade e para a saúde é estar consciente da vasta reserva espiritual na qual vivemos, movimentamo-nos e temos nosso ser. Um esforço intelectual repetido para converter isto numa parte e numa parcela da própria perspectiva mental da vida derruba automaticamente, ou pelo menos dissolve algo da dura e inflexível concha que a mente criou. Então aí a vida e o espírito se derramariam abundantemente sobre nós. A saúde surge de uma maneira espontânea e quando nosso ponto de vista sofre esta mudança radical começa uma nova vida. Ainda mais, tudo parece indicar que a partir deste momento o ambiente começa a atrair precisamente as pessoas que, de diversas maneiras, podem ajudar-nos e também tudo aquilo que temos esperado desde há muito tempo.

O segundo passo encaminha-se para uma direção ligeiramente diferente: a respiração, um processo realmente simples. Sua necessidade surge de um postulado superior: se a vida é uma só, onipenetrante e oniembarcadora, não seria razoável pensar que o mesmo ar que a cada momento respiramos está carregado de vitalidade? Regulemos, pois, harmonicamente, nosso processo respiratório e observemos que a vida é o princípio ativo que enche toda a atmosfera. Durante a prática desta respiração rítmica, em certos períodos fixos do dia, a mente não deverá fazer nenhum esforço, nem a vontade estar com nenhuma sobrecarga. Todo o esforço deve ser suave e simples, é deste modo que se consegue a destreza. Deixemos que o alento flua até nossos pulmões, enquanto contamos mentalmente, muito devagar...um, dois, três, quatro. Em seguida, espiremos contando do mesmo modo. É fundamental e de grande importância que o ritmo inicial, seja de quatro, de dez, ou de qualquer outro número, mantenha-se. Porque precisamente é o ritmo o responsável pela rápida absorção da vitalidade procedente do exterior, assim como da aceleração do divino poder interno.

Todas as partes do universo manifestam um ritmo imutável. Este é um processo vivo, cujas partes movimentam-se e regem-se por leis cíclicas. Olhe para o sol, as estrelas e os planetas. Todos se movimentam com uma graça incomparável, com um ritmo e tempos inexoráveis. Somente a humanidade tem vagado na sua ignorância e auto-complacência, distante dos ciclos divinos das coisas. Temos interferido nos processos rítmicos da Natureza e pagamos caro por isso!

Por esta razão, ao tentar sintonizarmo-nos de novo com o inteligente poder espiritual que funciona em todo o mecanismo da Natureza, não tentamos copiar as coisas às cegas, mas adotar inteligentemente seus métodos. Faça, pois, a respiração rítmica em determinados momentos fixos do dia quando houver pouca possibilidade de ser incomodado. Cultive, sobretudo, a arte do relaxamento. Aprenda a se dirigir a cada músculo tenso, desde as pontas dos pés até a cabeça, enquanto permanecer recostado na cama sobre as costas. Diga a cada um dos seus músculos que soltem sua tensão e que cessem sua contração inconsciente. Pense no sangue como flui abundantemente até cada órgão em resposta ao seu comando, levando a vida e a nutrição para todas as partes, produzindo um estado de saúde resplandecente e radiante. Somente depois de ter realizado estes processos é que devemos iniciar a respiração rítmica, lentamente e sem pressa. Gradualmente, na medida que a mente acostuma-se à idéia, os pulmões tomarão o ritmo de um modo espontâneo e em poucos minutos todo isto será automático. Todo o processo torna-se, então, extremamente simples e agradável.

Seria impossível superestimar a importância e a eficácia deste processo. À medida que os pulmões entram no ritmo, inspirando e espirando num compasso mensurado, eles o comunicam e o estendem, gradualmente, para todas as células e tecidos ao seu redor. Do mesmo modo que uma pedra jogada num tanque de água forma ondas expansivas e círculos concêntricos de movimento, assim os pulmões também o fazem. Em poucos minutos todo o nosso corpo vibra em uníssono com sua atividade. Cada célula parece ser induzida a vibrar e de imediato todo o organismo sente-se como se fosse uma bateria de inesgotável força e poder. A sensação - e deve ser uma sensação - é inconfundível.

Por mais simples que pareça, este exercício não deve ser menosprezado. O resto do sistema apóia-se sobre o domínio desta técnica tão simples. Domine-a primeiro.

Assegure-se que pode relaxar-se completamente e comece com a respiração rítmica depois de alguns poucos segundos.

Capítulo 2

Tratarei agora de uma idéia fundamental e altamente significativa. A incapacidade de captar plenamente sua importância é a causa das deficiências que, freqüentemente, observamos em muitos sistemas de cultura mental e de cura espiritual. Do mesmo modo que no corpo físico existem órgãos especializados para realizar funções específicas, na natureza mental e espiritual existem centros e órgãos correspondentes. Exatamente igual que os dentes, o estômago, o fígado e os intestinos são mecanismos evoluídos e feitos pela natureza para a digestão e a assimilação de nossos alimentos, existem centros similares nos outros constituintes da natureza humana. A boca recebe os alimentos. A digestão tem lugar no estômago e no intestino delgado. Da mesma forma, existe um aparelho para rejeitar resíduos. Na natureza psíquica existem também centros focais para a absorção do poder espiritual procedente do universo exterior. Outros tornam possível sua distribuição e sua circulação. A energia dinâmica e o poder que chegam ao homem desde fora não são uniformes ou semelhantes em freqüência vibratória. Podem ser de uma voltagem muito alta, por assim dizer, para que ele possa resistir com facilidade. Assim, em nosso interior, há certo aparelho psíquico pelo qual podem ser assimiladas e digeridas correntes cósmicas de energia indiscriminada sendo, deste modo, reduzida sua voltagem ou ajustada ao nível humano. O processo de ser consciente de nosso aparelho psíquico e de usar a energia que gera é parte integral deste sistema curativo. Estou convencido de que a oração e os métodos contemplativos empregam inconscientemente estes centros internos. Por isso, seriamos mais sábios e muito mais eficientes se empregássemos deliberadamente, para nossos próprios fins, este poder espiritual e os centros através dos quais flui. Chamemos a estes últimos, por ora, órgãos psico-espirituais, dentre os quais existem cinco principais. Em virtude de que a mente humana gosta de classificar e tabular as coisas, vemos dar-lhes um nome, vou me permitir dar os nomes menos complicados que alguém pode imaginar, de forma que não causem nenhum prejuízo. Assim, para nossa comodidade, chamaremos ao primeiro de Espírito, ao segundo de Ar, aos seguintes de Fogo, Água e Terra.

Para ilustrar este conceito, reproduzimos aqui um simples diagrama. Mostra a posição e localização destes centros.

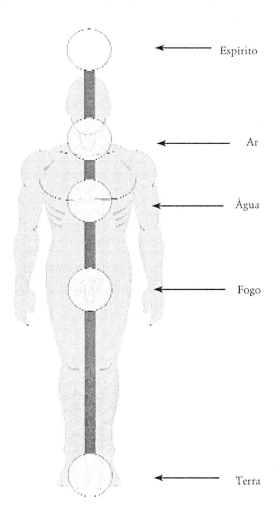

20 | A Arte da Verdadeira Cura

Em nenhum momento pretendo que se entenda que estes centros são de natureza e posição física (ainda que possa haver paralelismo glandular). Existem numa parte mais sutil, espiritual ou psíquica da natureza do homem. Podemos, inclusive, considerá-los não como realidades em si mesmos, mas senão como símbolos, símbolos grandes, redentores e salvadores. Sob certas condições podemos estar conscientes deles, do mesmo modo que podemos estar conscientes de diferentes órgãos existentes em nossos corpos físicos. Em geral, tem-se como fato que a razão está situada na cabeça, com relação à emoção está situada no coração e o instinto está no estômago. De um modo semelhante, existe uma correspondência natural entre estes centros e várias partes do corpo.

Existem três mecanismos ou meios principais pelos quais podemos estar conscientes destes centros, para despertar-los do seu estado dormente, a fim de que possam funcionar de um modo apropriado. Estes três meios são o pensamento, a cor e o som.

A mente deve concentrar-se na suposta posição destes centros um a um. Então, deverão ser entoados e vibrados certos nomes que devem ser considerados ritmos vibratórios. Finalmente, se visualizará cada centro como se tivesse uma cor e uma forma particular. A combinação desses três agentes desperta, gradualmente, os centros tirando-os do estado latente. Lentamente, são estimulados seus funcionamentos, cada um de acordo com sua própria natureza, vertendo uma corrente de energia e poder altamente espiritualizados no corpo e na mente do indivíduo.

Quando, finalmente, seu funcionamento chega a ser habitual e estabilizado, o poder espiritual que geram pode ser dirigido a fim de curar diferentes aflições e doenças, tanto de natureza psicológica quanto física. Também se pode comunicar por uma simples imposição das mãos sobre outra pessoa. Simplesmente pensando com firmeza e intenção, a energia pode, inclusive, comunicar-se de mente a mente telepáticamente, ou pode ser transmitida através do espaço para outra pessoa que se ache a muitos quilômetros de distância, sendo que os objetos no espaço não oferecem nenhuma interrupção ou obstáculo para a passagem desta energia.

Em primeiro lugar, deve memorizar-se a posição dos centros, tal como é mostrado no diagrama. Para estimular a atividade é necessário começar sentado ou deitado sobre as costas, num estado perfeitamente relaxado. As mãos podem estar sobre o regaço, ou melhor, deixá-las soltas, com os dedos cruzados descansando sob o plexo solar. Deve-se induzir a calma na mente e depois de vários minutos de respiração rítmica deve-se perceber a sensação de uma suave ondulação sobre o diafragma.

Imagine, depois, por cima da coroa ou cúspide da cabeça uma bola ou esfera de luz branca brilhante. Não force a imaginação para visualizar esta esfera de luz. A força somente geraria tensão neuro-muscular e isto impediria nosso propósito. Deve-se fazer com tranqüilidade e soltura. Se a mente vagar, como de fato o fará, espere um momento e volte atrás suavemente. Ao mesmo tempo, vibre ou entoe a palavra *Eheieh*, pronunciada *E-he-ieh*. Depois de uns poucos dias de prática será fácil imaginar o nome vibrando por cima da cabeça no centro chamado de Espírito. Esta é a divindade imanente que cobre a cada um de nós, o ser espiritual básico do qual todos podemos extrair energia e do qual todos formamos parte. *Eheieh* significa literalmente "EU SOU", e este centro representa a consciência interna do "EU SOU."

O efeito de dirigir assim a vibração, mentalmente, faz despertar o centro da atividade dinâmica Uma vez que começa a vibrar e a girar, sente-se emanar para baixo luz e energia, tanto sobre a personalidade quanto dentro dela. Enormes cargas de poder espiritual abrem caminho no cérebro e todo o corpo sente-se inundado de vigor e vida. Inclusive as pontas dos dedos das mãos e dos pés reagem ao despertar da esfera coronária por uma ligeira sensação de formigamento que se sente no inicio. O nome deveria ser entoado durante as primeiras semanas da prática num tom de voz moderadamente audível e sonoro. Na medida em que se vai adquirindo maior soltura, a vibração pode ser praticada em silêncio, sendo o nome imaginado e situado mentalmente no referido centro. Se a mente tender a vagar, a repetição freqüente desta vibração servirá de grande ajuda para a concentração.

Depois de deixar descansar a mente durante uns cinco minutos, nos quais se verá brilhar e cintilar, imagine que emite para baixo uma faixa branca, através do crânio e do cérebro, detendo-se na garganta. Aqui se expande para formar uma segunda bola de luz, a qual deverá incluir uma grande parte do rosto até as sobrancelhas. Concebendo-se a laringe como centro da esfera a distância, então, dela até à vértebra cervical, na parte de trás do colo, será aproximadamente seu raio. Naturalmente, esta dimensão variará de uma pessoa para outra. Com esta esfera (a que chamamos de centro do Ar) deve-se continuar uma técnica similar a que se fez com a anterior. Deve ser representada forte e vivamente como uma esfera cintilante de luz branca brilhante, resplandecente e brilhando desde dentro. O nome a vibrar é *Jehova Elohim*, pronunciado como *Ye-ho-va E-lo-him*.

Talvez seja conveniente dizer aqui algumas palavras com referência a estes nomes. Na realidade, são nomes dados a Deus em várias partes do Antigo Testamento. A diversidade e a variação destes nomes são atribuídas às diferentes funções divinas. Quando Deus age de certa maneira é descrito pelos escribas bíblicos por um nome. Quando faz outra coisa, usa-se outro nome mais apropriado a Sua ação. O sistema que estou descrevendo agora tem suas raízes na tradição mística hebraica. Seus antigos inovadores foram homens de exaltadas aspirações religiosas e grande gênio. Cabe, então, esperar que fosse projetada por eles uma base religiosa neste sistema psi-cológico científico. Mas deve explicar-se que para nossos atuais propósitos o uso destes nomes divinos bíblicos não implica conotação religiosa alguma. Qualquer um pode usá-los sem submeter-se, no mínimo, às antigas opiniões religiosas, bem sejam estas judaicas, hindus, budistas, cristãs ou até quem é ateu. É um sistema puramente empírico que tem êxito apesar do ceticismo ou da fé do operador. Podemos considerar estes nomes sagrados numa luz inteiramente diferente e prática. São notas chaves de diferentes constituições da natureza do homem, portas de entrada para outros tantos níveis dessa parte da psique da qual somos geralmente inconscientes. São freqüências vibratórias ou assinaturas simbólicas dos centros psicofísicos que estamos descobrindo. Seu uso, como notas vibratórias chaves, desperta a atividade dos centros com os quais sua freqüência acha-se em simpatia, transmitindo a nossa consciência algum reconhecimento dos diferentes níveis do aspecto espiritual e inconsciente de nossa personalidade. Por isso que seu verdadeiro signi-ficado religioso não nos concerne agora, nem tampouco sua tradução literal.

Para referirmos de novo ao centro do Ar, na garganta, os sons vibratórios deverão ser entoados um certo número de vezes. Até que sua existência seja reconhecida e sentida claramente como uma experiência sensorial definida. Não existe confusão possível na sensação de seu despertar. Para a formular e também para os centros seguintes deveria empregar-se, aproximadamente, o mesmo tempo que foi dedicado à contemplação da esfera coronária (cúspide da cabeça). Quando tiver transcorrido o referido tempo, deixe que baixe uma faixa de luz dela, com a ajuda da imaginação.

Descendo para a região do plexo solar, justamente debaixo do externo ou osso do peito, a faixa de luz expande-se de novo para formar uma terceira esfera. Esta é a posição do centro do Fogo. A atribuição do fogo para este centro é particularmente apropriada, porque o coração encontra-se notoriamente associado com a natureza emocional, com o amor e os sentimentos superiores. Quantas vezes falamos de uma paixão ardente, da chama do amor e etc? O diâmetro desta esfera cardíaca deveria ser tal que pudesse ser estendida desde a parte frontal do corpo até às costas. Aqui se deve vibrar o nome *Jehovah Esloah vê-Daas*, pronunciando-se *Ye-ho-va Es-loah vê-Daas*. É bom ter cuidado para que a entonação vibre dentro da esfera branca formulada. Fazendo isso adequadamente, se sentirá emanar uma irradiação de calor desde o centro que estimulará suavemente todas as partes e os órgãos ao seu redor.

Considerando que a mente funciona no corpo e através do corpo e sendo uma extensão dele, as faculdades mentais e emocionais resultam estimuladas igualmente pelo fluxo dinâmico de energia procedente dos centros. A

26 | A Arte da Verdadeira Cura

dura barreira erguida entre a consciência e a inconsciência, espécie de muro blindado que impede nossa expansão livre e obstaculiza o desenvolvimento espiritual, vai dissolvendo-se lentamente. Na medida que o tempo passa e a prática continua, pode desaparecer por completo, e então, a personalidade adquire gradualmente integração e plenitude. Assim, a saúde expande-se por todas as funções da mente e do corpo e a felicidade aparece como uma bênção permanente.

Continue levando a faixa para baixo, desde o plexo solar até a região pélvica, a região dos órgãos reprodutores. Aqui também se visualiza uma esfera radiante, aproximadamente das mesmas dimensões da superior. E também se deve entoar um nome para produzir uma rápida vibração nas células e moléculas do tecido dessa região: *Shaddai El Chai*, pronunciando-se *Sha-dai El Chai*. Deve-se permitir que a mente detenha-se na formulação imaginativa durante alguns minutos, visualizando a esfera com um brilho intenso de luz branca. E cada vez que a mente divagar desse brilho intenso, como no princípio estará obrigada a fazer, deixe-a voltar suavemente com as vibrações repetidas e poderosas do nome.

Pode temer-se que esta prática desperte ou estimule sem necessidade o sentimento e as emoções sexuais. Nesses nos quais está desenvolvendo-se um conflito sexual, tal apreensão é justa e legítima. Contudo, na realidade, esse temor não tem fundamento, porque a contemplação do centro da Água, como uma esfera de luz branca conectada por uma faixa aos centros superiores e mais espirituais, age de um modo bastante mais sedativo. E, de fato, o estímulo sexual pode afastar-se, não como uma repressão ignorante e míope, mas mediante a circulação de tais energias através do sistema, por meio desta prática. Pode ser provocado, assim, um processo de sublimação, mesmo que este não deva ser interpretado como uma legitimação da evasão do problema sexual.

O passo final é visualizar de novo a faixa descendo desde a esfera reprodutiva, movendo-se para baixo através das coxas e das pernas, até chegar aos pés. Aí se expande desde um ponto abaixo dos joelhos e forma uma quinta esfera. Chamamos a este centro de Terra. Exatamente como antes, a mente aqui deve formular uma brilhante esfera deslumbrante do mesmo tamanho que as anteriores. Agora, deve-se vibrar o nome *Adonai ha-Aretz*, pronunciando-se *A-do-nai ha-A-retz*. Depois de ter empregado vários minutos para despertar este centro com um pensamento fixo e persistente e com a vibração repetida do nome, detenha-os agora por alguns momentos.

Em seguida, deve-se tratar de visualizar claramente a faixa completa de luz prateada, como se estivesse enfeitada com cinco vistosos diamantes de incomparável brilho, estendendo-se desde a cúspide da cabeça até às solas dos pés. Poucos minutos, porém, bastarão para conferir realidade a este conceito, fazendo-os conscientes das

28 | A Arte da Verdadeira Cura

poderosas forças que, ao agirem sobre a personalidade, são finalmente assimiladas no sistema psicofísico depois de sua transformação e sua passagem através dos centros imaginários. A combinação da respiração rítmica junto com a visualização voluntária da descida da energia através da faixa de luz pelo Pilar Médio, como também é chamado, produz os melhores resultados.

Na medida que se adquire destreza e vamos familiarizando-nos com os centros, pode-se acrescentar o seguinte passo a esta técnica. Anteriormente mencionei que a cor é de grande importância. Cada centro tem uma diferente atribuição de cor, ainda será prudente durante um certo tempo, abster-se de usar outra cor a não ser a branca. A cor branca é atribuída ao centro do espírito ou centro coronário. É a cor da pureza, do espírito e da divindade. Representa, mais que um constituinte humano, um princípio universal e cósmico que cobre toda a humanidade. Enquanto descemos com a faixa, as cores mudam. Ao centro do Ar ou da garganta é atribuída a cor lilás que representa, particularmente, as faculdades mentais e a consciência humana como tal. Para o centro do Fogo, o vermelho é uma associação óbvia que não requer posterior comentário. O azul é a cor referida ao centro da Água, é a cor da paz, da calma e da tranqüilidade, ocultando uma força e uma virilidade enormes. Em outras palavras, sua paz é a paz da força e do poder, mais que a inércia da mera debilidade. Por último, a cor referida ao centro inferior, o da Terra, é o vermelhão, a rica e profunda cor da terra mesma, que é o fundamento sobre o qual estamos assentados.

Partindo desta exposição tão breve e concisa se verá que cada um destes centros tem uma espécie de afinidade ou simpatia com um constituinte espiritual diferente. Um centro tem a ver ou está associado às emoções e aos sentimentos, enquanto que o outro tem uma base definitivamente intelectual. Segue-se daí logicamente, e a experiência demonstra este fato, que sua atividade e sua estimulação equilibradas evocariam uma reação simpática em todas as partes da natureza do ser humano. E quando a doença, que se manifesta no corpo, seja devida a algum desajuste ou problema psíquico, a atividade do centro apropriado deve considerar-se afetada, de certo modo, e de uma maneira sutil. Sua estimulação pelo som, pelo pensamento e pela cor tenderá a ativar o correspondente princípio psíquico e a dispersar, portanto, o desajuste. Antes ou depois se produzirá uma reação que propiciará o desaparecimento da doença, e a conseqüente construção de novas células e tecidos, isto é, o ressurgimento da saúde.

Capítulo 3

Estamos aproximando-nos, agora, de um estado posterior e importante no desenvolvimento da técnica do Pilar Médio. Uma vez que tenhamos atraído poder e energia espirituais para o sistema por meio dos centros psico-espirituais, como podemos tirar o melhor partido disso? Isto é, usá-los de tal maneira que cada célula, cada átomo e cada órgão sejam estimulados e vitalizados por essa corrente dinâmica.

Para começar, enviemos de novo a mente para cima, para a esfera coronária, imaginando-a num estado de vigorosa atividade, ou seja, girando rapidamente, transformando-se de tal modo que se torne acessível para o uso imediato em qualquer atividade humana. Imagine, depois, que tal energia transformada flui, como um manancial, para baixo, pelo lado esquerdo da cabeça, o lado esquerdo do tronco e a perna esquerda. Enquanto esta corrente está descendo, o ar deverá ser expelido lentamente num ritmo adequado. Com a lenta inspiração do alento, imagine que a corrente vital passa da sola do pé esquerdo para o pé direito, e ascende gradualmente pelo lado direito do corpo. Deste modo retorna para a fonte da qual surgiu, o centro coronário, a fonte humana de toda a energia e vitalidade, devendo ser estabelecido assim um circuito elétrico fechado. Naturalmente, esta circulação visualiza-se dentro do corpo mais do que viajando ao redor da periferia ou do contorno físico. É, por assim dizer, uma circulação psíquica interior mais que puramente física.

Deixemos esta circulação, uma vez estabelecida firmemente pela mente, fluir durante alguns segundos no mesmo ritmo da respiração, de forma que o circuito seja percorrido aproximadamente meia dúzia de vezes, ou inclusive mais, se assim o desejar. Repita-o depois numa direção ligeiramente diferente. Visualize o fluxo vital movendo-se agora desde o centro coronário da cúspide da cabeça para abaixo pela frente do rosto e do corpo. Depois de voltar, contornando os pés, deve subir pelas costas num anel bastante amplo de energia vibrante. Isto, igualmente, deveria realizar-se ao menos até completar seis circuitos.

O efeito geral destes dois movimentos será o de estabelecer na forma física e ao redor dela um contorno ovóide de substância e poder que circularão livremente. Uma vez que a energia espiritual que mantivermos com esta técnica é extremamente dinâmica e cinética, irradia-se em todas as direções, estendendo-se para fora até uma distância apreciável. E esta irradiação é a que forma, colore e informa a esfera ovóide que não coincide com a forma ou dimensão do corpo físico. A percepção geral e a experiência sustentam que a esfera de luminosidade e magnetismo estende-se para fora até uma distância mais ou menos idêntica à longitude do braço estendido. E é dentro desta aura, como a chamamos, aonde existe o homem físico, como uma amêndoa dentro de sua casca. Circular esta força em todo o sistema, mediante os anteriores exercícios mentais, equivale a carregá-lo num grau considerável de vida e energia em todos e cada um dos departamentos de sua natureza. Obviamente isto deve exercer um efeito notável no que se refere à saúde em geral da amêndoa existente em seu interior.

O método final de circulação assemelha-se melhor à ação de uma nascente. Assim como a água é forçada ou alçada através de um tubo até que sai em jorro para cima e cai logo por todos os lados, da mesma maneira acontece com o poder dirigido por esta última circulação. Enviemos, então, a mente para baixo, para o centro da Terra, imaginando que é a culminação de todos os outros, o receptáculo de todo o poder, o armazém e o terminal da força vital que chega até nós. Imaginemos então que este poder ascendente é absorvido pela faixa até que transborda violentamente e cai dentro dos confins da aura ovóide. Quando desce para os pés é recolhida e concentrada de novo no centro da Terra, preparando-se para ser enviada novamente para cima pela faixa. Como antes, a circulação deve acompanhar num ritmo definido de inspiração e expiração. Deste modo, a força curativa é distribuída para todas e cada uma das partes do corpo. Nenhum átomo ou célula num órgão ou membro algum fica fora da influência de seu poder saneador e regenerativo.

Uma vez completadas as circulações, pode permitir-se que a mente detenha-se tranqüilamente na idéia de uma esfera de luz, de qualidade espiritual, saneadora e vital, rodeando todo o corpo. Esta visualização deveria ser feita da forma mais vívida e poderosa possível. A sensação que se segue à formulação parcial ou completa da aura da maneira descrita é tão marcante e definida que chega a ser inconfundível. Está assinalada, em primeiro lugar, por uma sensação de calma extrema, vitalidade e equilíbrio, como se a mente estivesse plácida e tranqüila. O corpo descansa num estado de relaxamento, sente-se em todas as suas partes conscientemente carregado e penetrado pela vibrante corrente de vida. A pele produzirá sintomas em todo o corpo, causados pela intensidade interior da vida, sintomas de um suave formigamento e um calor agradável. Os olhos se tornarão mais claros e brilhantes, a pele adquirirá um fulgor fresco e saudável e todas as faculdades mentais, emocionais e físicas aumentarão num grau considerável. Este é o momento no qual, no caso de haver alguma desordem funcional em algum órgão ou membro, a atenção deverá ser dirigida e se focar para essa parte. O resultado de concentrar assim a atenção dirige um fluxo de energia sobre o equilíbrio geral recém estabelecido. Desta forma, o órgão doente fica assim banhado num mar de luz e de força. Os tecidos e as células doentes, sob o estímulo de tal força, são gradualmente destruídos e retirados da esfera pessoal. A corrente sangüínea revitalizada é capaz, então, de enviar a este ponto nova nutrição e nova vida, de modo que se possam construir facilmente novos tecidos, fibras, células, etc. Deste modo, a saúde se recuperará pela persistente concentração do poder divino nesse ponto. Continuando durante alguns poucos dias no caso de aflições superficiais e alguns meses no caso de problemas crônicos e graves, todos os sintomas podem ser eliminados com êxito sem que outros venham a ocupar seu lugar. A eliminação é o resultado destes métodos, inclusive as erupções psicogênicas podem curar-se deste modo, porque as correntes de força surgem desde o extrato mais profundo do inconsciente, onde estas psico-neuroses têm sua origem e onde aprisionam a energia nervosa, impedindo a expressão espontânea e livre da psique. O brotar da libido, como chamam à força vital nos círculos psicológicos, dissolve as cristalizações e os tabiques que dividem os diversos extratos da função psíquica.

Quando o problema que devemos enfrentar é uma doença orgânica, o procedimento a ser seguido difere ligeiramente. *(O doente deverá estar sempre sob os cuidados de um médico.)* Neste caso requer-se uma corrente de força consideravelmente mais vigorosa para poder dissolver a lesão e ser suficiente para pôr em movimento às atividades sistêmicas e metabólicas que constroem novas estruturas de tecidos e células. Para cumprir estes requisitos num sentido ideal pode ser necessária uma segunda pessoa, de modo que sua vitalidade, acrescida a do paciente, possa superar a situação patológica. Uma técnica sutil, que na minha experiência revelou-se com muito exito e que qualquer estudante poderá adotar, é primeiramente relaxar cada tecido e todo o corpo antes de tentar a técnica do Pilar Médio. O paciente situa-se num estado altamente relaxado, no qual cada tensão neuro-muscular foi comprovada e levada à atenção do paciente. A consciência é capaz, então, de eliminar a tensão e induzir um estado relaxado nesse músculo ou membro. Tenho constatado casos nos quais a prática da manipulação e da massagem da coluna tornou-se útil, com profundas massagens e passes, pois deste modo produziu-se uma circulação crescente de sangue e linfa o que, desde o ponto de vista fisiológico, supõe meia batalha ganha. Uma vez conseguido um grau agradável. Os olhos se tornarão mais claros e brilhantes, a pele adquirirá um fulgor fresco e saudável e todas as faculdades mentais, emocionais e físicas aumentarão num grau considerável. Este é o momento no qual, no caso de haver alguma desordem funcional em algum órgão ou membro, a atenção deverá ser dirigida e se focar para essa parte. O resultado de concentrar assim a atenção dirige um fluxo de energia sobre o equilíbrio geral recém estabelecido. Desta forma, o órgão doente fica assim banhado num mar de luz e de força. Os tecidos e as células doentes, sob o estímulo de tal força, são gradualmente destruídos e retirados da esfera pessoal. A corrente sangüínea revitalizada é capaz, então, de enviar a este ponto nova nutrição e nova vida, de modo que se possam construir facilmente novos tecidos, fibras, células, etc. Deste modo, a saúde se recuperará pela persistente concentração do poder divino nesse ponto. Continuando durante alguns poucos dias no caso de aflições superficiais e alguns meses no caso de problemas crônicos e graves, todos os sintomas podem ser eliminados com êxito sem que outros venham a ocupar seu lugar. A eliminação é o resultado destes métodos, inclusive as erupções psicogênicas podem curar-se deste modo, porque as correntes de força surgem desde o extrato mais profundo do inconsciente, onde estas psico-neuroses têm sua origem e onde aprisionam a energia nervosa, impedindo a expressão espontânea e livre da psique. O brotar da libido, como chamam à força vital nos círculos psicológicos, dissolve as cristalizações e os tabiques que dividem os diversos extratos da função psíquica.

Quando o problema que devemos enfrentar é uma doença orgânica, o procedimento a ser seguido difere ligeiramente. *(O doente deverá estar sempre sob os cuidados de um médico.)* Neste caso requer-se uma corrente de força consideravelmente mais vigorosa para poder dissolver a lesão e ser suficiente para pôr em movimento às atividades sistêmicas e metabólicas que constroem novas estruturas de tecidos e células. Para cumprir estes requisitos num sentido ideal pode ser necessária uma segunda pessoa, de modo que sua vitalidade, acrescida a do paciente, possa superar a situação patológica. Uma técnica sutil, que na minha experiência revelou-se com muito exito e que qualquer estudante poderá adotar, é primeiramente relaxar cada tecido e todo o corpo antes de tentar a técnica do Pilar Médio. O paciente situa-se num estado altamente relaxado, no qual cada tensão neuro-muscular foi comprovada e levada à atenção do paciente. A consciência é capaz, então, de eliminar a tensão e induzir um estado relaxado nesse músculo ou membro. Tenho constatado casos nos quais a prática da manipulação e da massagem da coluna tornou-se útil, com profundas massagens e passes, pois deste modo produziu-se uma circulação crescente de sangue e linfa o que, desde o ponto de vista fisiológico, supõe meia batalha ganha. Uma vez conseguido um grau de relaxamento adequado, os pés do paciente cruzam-se nos tornozelos e os dedos da mão entrelaçam-se para descansar ligeiramente por cima do plexo solar. O operador ou saneador senta-se, então, do lado direito da pessoa se o paciente for destro e do lado esquerdo se for canhoto. Colocando sua mão direita suavemente no plexo solar sob as mãos unidas do paciente e sua mão esquerda na cabeça deste, estabelecendo-se rapidamente uma forma de contato. Em poucos minutos cria-se uma livre circulação de magnetismo e vitalidade, facilmente discernível, tanto pelo paciente como pelo saneador.

A atitude do paciente deverá ser de absoluta receptividade à força que está chegando até ele e de uma confiança e fé inomináveis na integridade e habilidade do operador. O silêncio e a calma devem manter-se durante alguns momentos, depois o operador realiza em silêncio a prática do Pilar Médio, mantendo seu contato físico com o paciente. Seus centros espirituais despertos agem sobre o paciente por simpatia. Um despertar similar introduz-se na esfera do paciente, e seus centros finalmente começam a funcionar e a levar uma equilibrada corrente de energia dentro do seu sistema. Mesmo que o saneador ou o operador não vibrem os nomes divinos de maneira audível, o poder que flui através de seus dedos estabelece uma atividade que, com certeza, produzirá algum grau de atividade saneadora dentro do paciente. Seus centros psico-espirituais são excitados simpaticamente para a assimilação e a projeção ativas da força, de modo que, sem nenhum esforço consciente por sua parte, sua esfera estará invadida pelo poder divino de cura e de vida. Quando o operador chega no ponto da circulação, emprega sua faculdade interna de visualização, verdadeiro poder mágico, de forma que as correntes de energia incrementadas fluem, não somente através de sua própria esfera, mas também através da do seu paciente. A natureza deste contato começa a sofrer agora uma sutil mudança. Enquanto que anteriormente existia uma estreita simpatia e uma estrutura harmoniosa da mente, mantida mutuamente durante a circulação, depois dela produz-se uma verdadeira união e um entrosamento dos dois campos de energia. Ambos se unem para formar uma só esfera contínua, na medida em que se dá a troca e a transferência da energia vital. Deste modo o operador ou sua psique Inconsciente ou Ser espiritual é capaz de adivinhar exatamente de que potencial deve ser a corrente projetada e para onde deve ser dirigida precisamente.

Um certo número destes tratamentos, incorporando a cooperação e o entretenimento do paciente no uso de métodos mentais, deve certamente aliviar bastante a situação original. Em algumas ocasiões, posto que o fanatismo deve ser recusado acima de tudo, podem combinar-se os métodos médicos e os manipulativos com os métodos mentais descritos, a fim de facilitar e acelerar a cura.

Mesmo que até agora se tenha ressaltado a utilização deste método para curar doenças físicas, deve-se insistir no que é adequado para se aplicar a uma grande quantidade de outros diferentes problemas. Esta descrição da técnica resultará adequada para todas as outras situações que podem apresentar-se ao estudante tais como: problemas de pobreza, desenvolvimento do caráter, dificuldades sociais ou conjugais e qualquer outro tipo de problema.

Capítulo 4

A repetição é freqüentemente importante, tanto para ensinar como para aprender novos temas. Por isso, uma recapitulação dos diferentes processos envolvidos na prática do Pilar Médio, ajudará a esclarecer algumas coisas. Eu gostaria de acrescentar uma consideração posterior que ajudará a tornar todo o método mais efetivo, elevando-o a um plano superior de entendimento e consecução espiritual. Este último passo permitirá ao estudante pôr em funcionamento fatores dinâmicos que estão dentro da psique humana e que o ajudarão a gerar o resultado desejado.

O primeiro passo, como já vimos, é um exercício psicofísico. O estudante deve aprender como se relaxar, como soltar a contração crônica de tensão neuro-muscular que há no seu corpo. Cada tensão involuntária, em qualquer grupo de músculos ou tecidos, em qualquer área do corpo, deve ser levada diante de sua percepção consciente. A percepção é a chave mágica por onde essa tensão pode ser literalmente fundida e dissolvida. Para isto, necessita-se somente uma pequena prática e a habilidade se consegue muito rapidamente. A conclusão importante que segue ao relaxamento físico, é a de que a própria mente, em todos seus departamentos e ramificações, passa por um relaxamento similar.

A tensão psíquica e a falta de flexibilidade somática são as grandes barreiras que nos impedem de sermos conscientes da onipresença do corpo de Deus. Realmente impedem-nos de perceber a presença contínua da força vital, a dependência da mente com respeito à Mente Universal, o Inconsciente Coletivo e, inclusive, a identidade final de ambas. Ao serem eliminadas as insignificantes barreiras da mente, e com a vida fluindo através de sua extensa organização, tornamo-nos conscientes quase que imediatamente do Princípio dinâmico que penetra e atravessa todas as coisas. Este passo é, sem dúvida, a fase mais importante na aplicação destas técnicas psico-espirituais.

Quando percebemos o anterior, o proceder lógico é despertar os centros espirituais internos que possam manejar esse poder de alta voltagem, transformando-o numa qualidade humana útil. A maneira mais fácil, possivelmente, de conceber isto é comparando a parte espiritual do homem com um aparelho receptor de rádio. Em primeiro lugar, o aparelho deve estar conectado à energia, seja procedente de uma bateria ou de uma central, para poder funcionar. Uma vez que a energia está fluindo através dele, o resto do intrincado mecanismo de cabos, transformadores, condensadores, tubos e antena podem entrar em funcionamento O mesmo acontece com o homem. Podemos sintonizar-nos com o Infinito mais rapidamente através do mecanismo de ativação dos centros internos, as próprias válvulas de rádio do homem. Quando o aparelho de rádio funciona, a corrente divina pode ser disparada através do referido aparelho de vários modos, até que, tanto o corpo quanto a mente tornem-se poderosamente vitalizadas e reforçadas com a energia espiritual.

Tudo isto é meramente preparatório. O aparelho de rádio pode estar ligado, os condensadores, os transformadores e a antena em perfeito funcionamento, mas o quê é que queremos fazer com ele? O mesmo acontece aqui. Precisamos dinheiro. A doença está persistente. Ou temos resquícios morais ou mentais indesejáveis. Na utilização desta energia espiritual precisamos elevar nossas mentes de tal modo que o desejo de nosso coração destaque-se automaticamente, praticamente sem esforço algum. A ânsia, o desejo ou a meta a alcançar deve manter-se firmemente na mente, vitalizada pela intensidade ígnea de toda a exaltação emocional da qual sejamos capazes. A oração é, portanto, indispensável. Oração, não somente como um pedido a algum Deus fora do Universo, mas também oração concebida como o estímulo espiritual e emocional calculado para produzir uma identificação com nossa própria Deidade. A oração, realizada sinceramente, mobilizará todas as qualidades do ser e o fervor intenso que despertará reforçara o trabalho feito previamente. Trará o sucesso como resultado quase que infalível porque, em tal caso, o sucesso não chega pelo próprio esforço humano, mas porque Deus o envia para nós. O fervor e a exaltação emocional nos permitem realizar a divindade interna, que é o fator espiritual que leva nossos desejos a um imediato e total cumprimento.

Eu me pergunto: quando a oração e do tipo tranqüilo, não emotiva, tem algum valor aqui? Este pedido a sangue frio não tem lugar dentro das mais elevadas concepções da conquista espiritual. Um antigo metafísico disse uma vez: *"Inflamamos com a oração."* Este é o segredo. Devemos orar de modo que todo o nosso ser inflame-se com uma intensidade espiritual diante da qual nada possa resistir-se. Todas as ilusões e todas as limitações dissolvem-se declaradamente diante deste fervor.

Quando a alma arde literalmente, consegue-se a identidade espiritual com Deus. Então se alcançam, sem esforço, nossos desejos, porque é Deus quem o consegue. A ânsia converte-se em fato, objetivo e fenomenal, para que todos vejam.

Que orações, pois, deveram ser empregadas para elevar a mente a esta intensidade, para despertar o fervor emocional do que se disse: *"inflamamos com a oração?"* Na minha opinião este é um problema que cada um deve resolver por si mesmo. Todo homem e toda mulher têm alguma idéia sobre a oração que, quando sustentada, inflamará até levá-los à realização interna. Alguns usarão um poema que sempre teve o efeito de os exaltar. Outros usarão o Pai Nosso, ou talvez o Salmo 23. E assim em diferentes casos. Para mim mesmo prefiro o uso de alguns hinos arcaicos conhecidos como invocações, mas que, não obstante, são orações e que, certamente, têm sobre mim o desejado efeito de fazer surgir o necessário potencial emocional. Na esperança de que possam ser úteis a outros, ofereço aqui um par de fragmentos, estando composto, o primeiro deles, a partir de versículos de várias escrituras:

"Eu sou a Ressurreição e a Vida. Aquele que acreditar em mim, mesmo depois de morto, viverá e aquele que vivo acreditar em mim terá vida eterna. Eu sou o Primeiro e o último. Eu sou aquele que vive mais já esteve morto. Mas escutai! Eu estou vivo para sempre e sustento as chaves do inferno e da morte. Porque sei que meu Redentor vive e que ele permanecerá sobre a Terra no último dia. Eu sou o Caminho, a Verdade e a Vida. Nenhum homem chega ao Pai se não for por mim. Eu sou o Purificado.

Passei através das portas da obscuridade para a luz. Lutei sobre a terra pelo bem. Terminei meu trabalho. Entrei no invisível."

"Eu sou o Sol que se eleva, tendo passado através da hora da nuvem e da noite. Eu sou Amon, o Oculto, o que inaugura o dia. Eu sou Osíris Omnofris, o Justificado, o Senhor da Vida, triunfante sobre a morte. Não há parte de mim que não seja dos Deuses. Eu sou O Que Prepara o Caminho. O Que Resgata para a Luz, Que a Branca Luz do Espírito Divino Desça."

O segundo fragmento é algo diferente do anterior, ainda que ambos tenham um efeito pessoal similar quando se repetem lentamente, meditam-se e se sentem intensamente. Esta segunda oração consta de duas partes, sendo a primeira uma espécie de pedido ao Ser divino superior, enquanto que a segunda fala da realização da identidade com ele.

"Eu te invoco, o Não Nascido. Tu que criaste a Terra e os Céus. Tu que criaste a

Noite e o Dia. Tu que criaste a Obscuridade e a Luz. Tu és o Homem Feito Perfeito, que nenhum homem jamais tem visto. Tu és Deus e Deus verdadeiro. Tu distingues entre o justo e o injusto. Tu fizeste a fêmea e o macho. Tu produziste a semente e a fruta. Tu formaste os homens para amarem-se uns aos outros e se odiarem uns aos outros. Tu produziste a umidade e a seca e tudo aquilo que nutre todas as coisas criadas."

A segunda metade deverá continuar somente depois de uma grande pausa na qual se tenta realizar, que é o que a oração afirma e que está elevando à mente uma apreciação da secreta e oculta Divindade interna, que é a criadora de todas as coisas.

"Este é o Senhor dos Deuses. Este é o Senhor do Universo. Este é Aquele a quem os ventos temem. Este é Aquele que tendo feito a voz ao seu mandato é o Senhor de todas as coisas, Rei, Governante e Ajuda. Escuta-me e faz com que todos os espíritos estejam submetidos diante de mim, de modo que todo o espírito do firmamento e do éter, sobre a terra e sob a terra, no terreno seco e na água, do ar em redemoinho e do fogo em investida, e cada feitiço e chicote de Deus o Vasto possa ser feito obediente diante de mim."

"E sou Ele, o Espírito Não Nascido, que tem olhos nos pés, o Fogo forte e imortal. Eu sou Ele, a Verdade. Eu sou aquele que odeia que o mal se estenda no mundo. "Eu Sou" aquele que ilumina e ressoa. Eu sou Aquele o qual é a chuva da Vida à Terra. Eu sou Aquele cuja boca sempre brilha. Eu sou Ele, a

Graça do Mundo. Meu Nome é o Coração Cingido com uma Serpente."

Estes fragmentos de oração somente podem ser sugeridos e devem ser usados ou recusados de acordo com o critério de cada estudante. Para mim funcionam e podem funcionar para outros estudantes, ou talvez não, dependendo do caso.

Capítulo 5

Além de seu uso terapêutico, a técnica do Pilar Médio tem outras utilidades, como já sugeri anteriormente. O estudante empreendedor adivinhará seus usos próprios. É possível que, por diversas razões, certas necessidades da vida, sejam físicas ou espirituais, tenham-nos sido negadas, com o conseqüente efeito intumescido sobre o caráter e o resultado de um sentimento de frustração. Este último tem sempre um efeito depressivo e inibidor sobre a mente humana, produzindo indecisão, ineficiência e complexo de inferioridade. Não há nenhuma necessidade real de que existam frustrações ou inibições indevidas em nossas vidas, ainda que, evidentemente, uma certa quantidade é inevitável. Enquanto formos humanos é certo que em alguma medida temos de estar impedidos em nossos esforços por expressar plenamente o ser interno, experimentando assim algum grau de frustração. Mas qualquer medida anormal ou qualquer sensação persistente de impedimento e frustração pode ser tratada e eliminada com estes métodos espirituais e mentais.

Em primeiro lugar, é necessário um entendimento sobre a vida e uma aceitação incondicional de tudo na vida, e de toda a experiência que possa surgir no nosso caminho. Com a compreensão virá um amor pela vida, porque amor e compreensão são uma mesma coisa. Animará, também, a determinação de não frustrar por mais tempo os processos naturais, mas sim de colaborar com a Natureza.

Os métodos de cultura mental e espiritual têm mantido, durante longo tempo, a esperança de que estas situações inibitórias possam ser aliviadas. A pobreza, tanto de estado quanto de idéias, é uma situação da vida que estas técnicas têm reconhecido sempre como suscetível de ser tratada. O método usual é realizar uma reflexão tão profunda e prolongada sobre este estímulo mental, qualidade moral ou coisa material que se deseje, que a idéia de sua necessidade fique submersa na chamada mente subconsciente. Se as barreiras que conduzem ao subconsciente fossem atravessadas, de modo que este último aceite a idéia da necessidade, então, antes ou depois, a vida atrairá inevitavelmente para nós as coisas desejadas.

Mas como acontece com todos os métodos terapêuticos, existem muitos casos nos quais, apesar de se ajustarem estreitamente às técnicas prescritas, fracassam seus esforços de cura. Na minha opinião estas pessoas falham pela mesma razão pela qual fracassam seus esforços no processo de cura, porque não há um verdadeiro entendimento do mecanismo psicodinâmico interior através do qual possam produzir-se tais efeitos. Não houve uma apreciação dos métodos pelos quais poderá ser estimulada a natureza dinâmica do inconsciente, de forma que a personalidade humana se transforme em um poder de grande atração sobre qualquer coisa que a pessoa verdadeiramente deseje, ou que for necessária para seu bem estar.

O fato deste procedimento ser ou não defensável moralmente é uma questão que não desejo discutir em demasia, ainda que saiba que esta possibilidade mais tarde surgirá. A resposta será breve. Qualquer faculdade que tenhamos será para ser utilizada tanto em nosso próprio benefício quanto para o de outros. Se estivermos num estado de constante aflição mental, frustração emocional e pobreza excessiva, não se consegue ver de que maneira podemos servir-nos ou servir aos nossos semelhantes. É necessário, primeiramente, eliminar estas restrições melhorando as faculdades mentais e emocionais de tal modo que a natureza espiritual seja capaz de penetrar através da personalidade e assim se manifestar de um modo prático. Somente, então, estaremos em condições de sermos de alguma utilidade para aqueles com quem entramos em contato.

A estimulação preliminar dos centros psico-espirituais e a formulação posterior, de maneira clara e viva, das nossas demandas ao Universo, serão capazes de atrair quase qualquer coisa desejada, sempre que, naturalmente, estejam dentro dos limites da razão e da possibilidade.

Em primeiro lugar, permitam-me prologar minhas últimas afirmações estabelecendo que, do ponto de vista prático, os rudimentos do esquema astrológico são de valor inegável, uma vez que oferecem uma classificação concisa das amplas divisões das coisas. Não que se vá tratar aqui da astrologia como tal, mas simplesmente é conveniente usar seu esquema. Suas raízes estão nas sete idéias ou planetas principais aos quais se usam como referência para a maioria das idéias e das coisas. A cada uma destas idéias-raiz são-lhe atribuídos uma cor positiva e uma negativa, e mais um nome divino para o propósito de vibração Proponho nomear os planetas com suas atribuições principais, como segue:

Saturno:

Gente velha e planos antigos. As dívidas e o pagamento das mesmas. Agricultura, bens imóveis, morte, testamentos, estabilidade, inércia. Cor positiva: Índigo; negativa: preto. Jehovah Elohim, pronunciando-se Ye-ho-va E-lo-him.

Júpiter:

Abundância, plenitude, crescimento, expansão, generosidade. Espiritualidade, visões, sonhos, grandes viagens. Cor positiva: púrpura; negativa: azul. El, pronunciando-se exatamente como se escreve.

Marte:

Energia, pressa, ira, construção ou destruição (conforme deva ser aplicado), perigo, cirurgia, vitalidade e magnetismo. Força de vontade. Cores positiva e negativa: vermelho brilhante. Elohim Gibor, Pronunciando-se El-o-him Gi-bor.

Sol:

Superiores, patrões, executivos, oficiais. Poder e êxito. Vida, dinheiro, melhora em todas as classes. Iluminação, imaginação, poder mental. Saúde. Cor positiva: laranja; cor negativa: amarelo ou ouro. Jehovah Eloah vê-Daas, pronunciando-se Ye-ho-va E-loah vê-Da-as.

Vênus:

Assuntos sociais, afetos e emoções, mulheres, gente jovem. Todos os prazeres e artes, música, beleza, extravagância, luxo, auto-indulgência. Cores positiva e negativa: verde esmeralda.

Jehova Tzavoos, pronunciando-se Ye-ho-va Tsa-vo-os.

Mercúrio:

Assuntos de negócios, escrituras, contratos, julgamentos e viagens curtas. Compra, venda, concorrência, vizinhos, dar e obter informação. Capacidades literárias e amigos intelectuais. Livros, papéis. Cor positiva: amarelo; cor negativa: laranja. Elohim Tzavoos.

Lua:

Público em geral, mulheres. Reações do sentir. Viagens curtas e mudanças. Trocas e flutuações. A personalidade. Cor positiva: azul; cor negativa: marrom púrpuro. Sha-dai El Chai.

Estas são, muito resumidamente, as atribuições dos planetas sob as quais quase tudo o que existe na Natureza pode se enquadrar. Esta classificação é extremamente útil porque simplifica muito a tarefa do desenvolvimento físico e espiritual. Seria melhor que, antes de concluir, coloque alguns exemplos simples e elementares para ilustrar a função e o método de emprego destas correspondências.

Suponhamos que eu esteja ocupado com certos estudos que requerem livros que não são facilmente acessíveis nas livrarias. Apesar de solicita-los, apesar de anuncia-los amplamente, e do meu desejo de pagar por eles em preço razoável, meus esforços não têm resultado. A conseqüência disso é que por um tempo meus estudos vão ser interrompidos. Este atraso chega até o ponto em que é excessivo e irritante e decido usar meus próprios métodos para acabar com o atraso. A determinados intervalos, preferivelmente ao me levantar de manhã e antes de ir me deitar à noite, pratico a respiração rítmica e o Pilar Médio. Através destes métodos consigo enormes quantidades de poder espiritual e transformo o Inconsciente em um poderoso acumulador, preparado para projetar ou atrair força e poder para cumprir minha necessidade. Em seguida, circulo este poder através do sistema da aura.

O passo seguinte consiste em visualizar a cor negativa ou positiva de Mercúrio, o laranja, de maneira que, meditando sobre ela, troque a cor da aura circundante até a tornar dessa cor. Uso o laranja porque os livros que necessito são atribuídos à Mercúrio e emprego a cor negativa porque tende a tornar a esfera da sensação aberta, passiva e receptiva. Então começo a carregar e a vitalizar a esfera vibrando o nome divino apropriado uma ou outra vez, até que, de acordo com minhas percepções, pareça-me que todas as forças mercurianas do universo reajam diante da atração magnética dessa esfera. Imagino todas as forças do universo convergindo sobre minha esfera, atraindo até a mim precisamente estes livros, documentos, críticas, amigos e outras coisas necessárias para continuar meu trabalho. Inevitavelmente, depois de um trabalho persistente e concentrado, fico sabendo, através de amigos ou livreiros, como por casualidade, de que os referidos livros estão disponíveis. Dou instruções às pessoas adequadas e finalmente meu trabalho pode continuar. Os resultados aparecem de um modo perfeitamente natural. Não se deve imaginar que o uso destes métodos é contrário às leis da Natureza e que acontecerá algum fenômeno milagroso. Ao contrário. Nada há nisto de sobrenatural. Estes métodos estão baseados no uso de princípios psíquicos latentes no interior do homem e que todos possuímos. Nenhum indivíduo é único a este respeito e o uso destes princípios psíquicos proporciona resultados através de canais bastante normais ainda que não muito conhecidos.

Por outro lado, se desejar ajudar a um colega que tenha aspirações literárias mas que em certa situação encontra seu estilo intumescido e seu fluxo de idéias inibido, deverei alterar meu método somente num ponto particular. No lugar de usar a cor laranja como antes, deverei visualizar a aura de uma cor amarela ou dourada, mas o nome vibratório permanece o mesmo. De novo, em lugar de imaginar que as forças universais têm um movimento centrípeto até minha esfera, deverei tentar visualizar que as forças mercurianas, despertadas dentro de mim pela visualização da cor e pela vibração, projetem-se de mim para meu amigo. Se ele também permanecer tranqüilo e meditativo na mesma hora minha ajuda se tornará mais poderosa, uma vez que ele assistirá conscientemente aos meus esforços com uma meditação similar. Não é necessário, porém, insistir sobre isso pois, como demonstram as experiências telepáticas, a maior parte das impressões do receptor são recebidas inconscientemente. No caso deste amigo, sua própria psique consciente captará automática e necessariamente a inspiração e a força que eu lhe enviei telepáticamente. Este sistema combina a sugestão telepática com a comunicação dirigida do poder vital. Oponho-me energicamente a estes apologistas parciais que apóiam uma faculdade em detrimento de outra. Alguns negam a sugestão ou a telepatia e argumentam, com demasiado entusiasmo, serem a favor do magnetismo vital. Outros se negam categoricamente a admitir a existência do magnetismo, mostrando suas provas exclusivamente a favor da telepatia e da sugestão. Ambas, no meu entender, são incorretas e dogmáticas quando insistem somente sobre sua idéia como se esta tivesse validade universal, ou fosse o único modo lógico de explicação. Da mesma maneira, cada um está correto em alguns aspectos e num certo número de casos; na economia natural das coisas há espaço para ambos. Os recursos da natureza são suficientemente grandes e extensos como para admitir a existência mútua de ambos e também de inumeráveis outros poderes e forças.

O procedimento técnico é, como já foi demonstrado, extremamente simples, inclusive ao emprega-lo para fins subjetivos. Suponha que, de repente, percebo que, no lugar de ser a pessoa magnânima que acreditava ser sou realmente mesquinho e tacanho. Supostamente, poderia recorrer à psicanálise para descobrir por quê minha natureza anterior na vida foi desviada de modo que se tornasse um hábito de mesquinharia. Mas este é um assunto vasto e custoso, ainda que, admito que estes são pobres argumentos contra sua necessidade e dependerá muito do analista e de suas relações comigo.

Meus primeiros passos consistem nos descritos anteriormente: minha respiração rítmica, a faixa de luz formulada da cabeça até os pés e circulação da força através da aura. Lembrando, então, que uma visão e uma atitude generosa para a vida é uma qualidade jupteriana, rodeio-me de uma esfera azul, vibrando ao mesmo tempo freqüente e poderosamente o nome divino Él . O fato de vibrar os nomes silenciosamente, ou de forma clara e audível, depende exclusivamente da familiaridade e da destreza que se tenha com o sistema. Por qualquer dos dois caminhos, porém, poderosas correntes jupterianas penetrarão no meu ser. Visualizarei, inclusive, cada célula banhada num oceano azul e tentaria imaginar correntes que invadissem minha esfera em cada direção, de maneira que todos meus pensamentos e meus sentimentos estivessem literalmente azuis. Pouco a pouco, uma sutil transformação teria lugar. Isto é, se eu for realmente sincero, desejoso de corrigir minhas faltas e se tentar chegar a ser o suficientemente generoso para realizar a prática com fé e com freqüência.

Do mesmo modo, se um amigo ou um paciente sofrer de um defeito similar e apelar para mim à procura de ajuda, usaria, neste caso, uma cor positiva para a projeção. Formularia minha esfera como uma ativa e dinâmica esfera púrpura, rica e real na cor, e projetaria sua influência generosa, curadora e fecunda sobre sua mente e sua personalidade. Com o tempo a falta seria corrigida e satisfeita, estimulando-se assim sua natureza espiritual. E assim é sempre, como todo o resto. Estes poucos exemplos, estou certo, mostraram a aplicação do método. Não basta desejar simplesmente certos resultados e esperar de braços cruzados até que estes cheguem. Com um proceder ocioso só pode sobrevir o fracasso. Qualquer coisa de valor e que deva ter êxito requer uma grande quantidade de trabalho e perseverança. A técnica do Pilar Médio não é uma exceção, certamente, mas a devoção a ela é extremamente valiosa para a natureza e a qualidade dos resultados que se desejarem conseguir. Realizada uma vez por dia mostrará sua eficácia. Duas vezes seria muito melhor, especialmente se existir alguma doença ou dificuldade psíquica que superar. Depois de um tempo determinado o estudante que é sincero e no qual a natureza espiritual está-se desenvolvendo gradualmente, aplicará o mesmo método, independentemente da promessa que tiver feito. Poderes curativos, libertação da pobreza e da preocupação, felicidade: todas estas coisas são basicamente desejáveis. Mas por cima delas está o desejo de conhecer e expressar ao ser espiritual interno mesmo que possa ocorrer, em alguns casos, que este ideal seja dificilmente acessível até que se tenha conseguido alguma medida de êxito em outros aspectos e em outros níveis. Contudo, quando o ideal é percebido como desejável, ver-se-á também o valor deste método e será considerado altamente efetivo para conseguir o referido fim.